MELISSŪRGUS

MELISSŪRGUS

by
Jessie Craft

GRĀTIĀS AGŌ...

Volō plurimās grātiās agere amīcīs quī in scribendo hunc libellum me multum adiuvērunt: Roberto Carfagni, Luke Ranieri et Daniel Pettersson.

Grātiae sunt mihi agendae discipulīs meīs annī scholasticī MMXIX-MMXX.

Grātissimus sum uxōri fīliābusque meīs.

INDEX CAPITULŌRUM

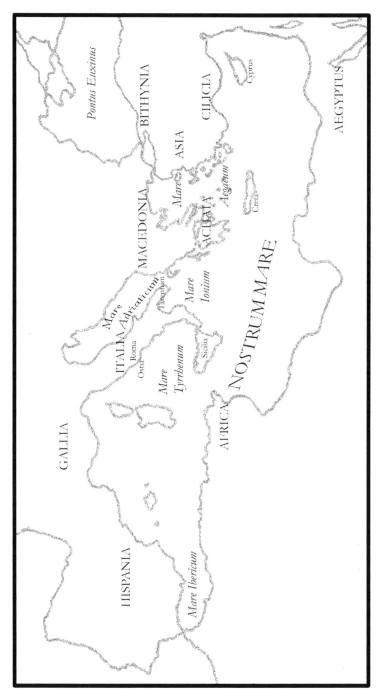

Adumbrātiō A: Eurōpa, Āsia, Africa, Nostrum Mare

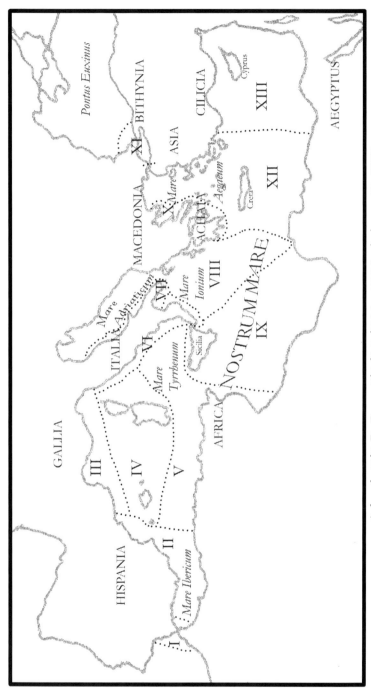

Adumbrātiō B: Pompēiī dīvīsiō Nostrī Maris in partēs XIII

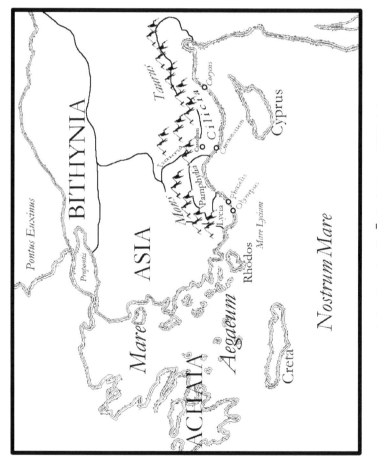

Adumbrātiō C: Āsia Minor (Cilicia)

CAPITULUM PRĪMUM

Mēnse Augustō, fuit caelum serēnum et ventus lēniter flābat. Sub Monte Taurō, Melissūrgus laetus apud flōrēs ambulābat et apēs suās cūrābat.

Melissa Melissūrgi uxor erat. Capillō nigrō erat et oculīs viridibus. Saepe, Melissūrgus eam "Mel" vocābat nam putābat eam tam dulcem quam mel esse. Melissa, "Melissūrge," subīrāta inquit, "nōnne tibi est eundum ad mercātum ut mel vēndās?"

Melissūrgus, quī sōlem in caelō nōn vīderat, "Mel," respondit "est ut dīcis. Ignōsce mihi. Nunc eō."

Melissa "Bene habet," respondit "sed ī celeriter!"

Melissūrgus celeriter ab apibus mel collēgit. Tum in carrō mella posuit et profectus est. Via nōn fuit longa, sed pulcherrima. Prope viam arborēs fessīs umbram et ēsurientibus pōma dabant. Apēs per rosās et herbās hūc et illūc volābant. Id quod Melissūrgus vidēbat audiēbatque eī placēbat.

Mercātor subrīdēns, "Melissūrge," clāmāvit, "sērō advenīs! Quid faciēbās? Cūrābāsne apēs tuās neque sōlem vīdistī? Fuitne īrāta Melissa?"

Melissūrgus mercātōrī "Hahae!" respondit. "Iam scīs, amīce. Sed Melissa subīrāta tantum fuit."

Mercātor mel ā carrō in tabernam ferēns "Etsī subīrāta fuit," Melissūrgō inquit, "oportet tē apēs bene cūrāre, ut iam facis, quia mel tuum optimum est."

Illā nocte, Melissūrgus domum redībat. Arborēs nūllam umbram dabant, et Melissūrgus apēs per flōrēs volantēs nōn audīvit. Iānuam domūs aperuit et Melissam vīdit. "Salvē, Mel," inquit.

"Vēndistīne tōtum mel?" Melissa rogāvit.

"Nōn potuī."

"Nōn potuistī? Cūr nōn?"

"Quia tē nimium amō, Mel!"

Melissa rīdēns eum amplexa est.

CAPITULUM SECUNDUM

Mēnse Decembrī, Melissūrgus domum intrāvit et Melissam ante focum vīdit. "Mel," rogāvit "cūr domī es? Nōnne vīs apud amīcās hāc nocte versārī? Est fēstum Neptūnī."

Melissa vestīmenta parva faciēns ad Melissūrgum sē convertit et "Volō," respondit, "domī manēre ut vestīmenta facere possim. Cūr autem tū quoque, Melissūrge, domī es? Nōnne vīs apud amīcōs tuōs versārī?"

Cui Melissūrgus "Sānē, mihi placet fēstum Neptūnī," respondit, "sed nimis fessus sum. Hodiē operam dedī fīliae nostrae."

"Ain' tū?" rogāvit Melissa. "Et cūr fīliam dicis?"

"Quia fīlia erit. Iam sciō," Melissūrgus subrīdēns respondit. "Crās tibi operam meam ostendam." Quae cum dīxisset, ōsculum Melissae dedit et ventrem mulsit. Tum in cubiculum rediit.

Posterō diē, Melissūrgus Melissae "Venī hūc, Mel." imperāvit. "Dōnum fīliae tibi ostendere volō."

Lentē dē lectō surrēxit. Forās ad Melissūrgum iit tenēns manum in ventre. "Ecce mē," inquit. "Quid mihi ostendis?"

Melissūrgus trēs apēs ligneās et apiārium parvum ostendit. "Familia nostra sunt hae apēs," inquit Melissūrgus laetissimus. "Apiārium parvum fīliae fēcī ut apēs cūrāre discere possit."

Melissa virum suum amplexa est et ōsculum eī dedit. "Mī Melissūrge," inquit "eris pater optimus!"

CAPITULUM TERTIUM

Mēnse Aprīlī, frīgus abībat et sōl lūcēbat. Līlia rosaeque flōrēbant et avēs canēbant. Apēs Melissūrgī hūc et illūc volābant per flōrēs et herbās. Melissūrgus, ut semper, apud apiāria sua erat. Prope sē semper tenēbat illās trēs apēs ligneās et apiārium fīliae suae. Melissa forīs sedēbat. Caelum intuēbātur dum parva vestīmenta fīliae facit.

Melissae venter dolēbat. "Melissūrge," clāmāvit, "venit fīlia nostra!"

Melissūrgus laetissimus ad Melissam cucurrit. Eam portāvit domum et rogāvit: "Ut valēs, Mel?"

Melissa subīrāta et dolēns respondit: "Certē nōn bene!"

"Rēctissimē," inquit Melissūrgus. "Fortasse melius est mē in ātriō exspectāre."

"Fortasse," Melissa respondit.

Post duās hōrās Melissa clāmāvit. Melissūrgus in cubiculum cucurrit et sanguinem ubīque vīdit.

"Cūr tantum sanguinis est?" rogāvit Melissūrgus.

"Nesciō," respondit Melissa. "Male mē habeō, sed fīlia iam exiit. Mortua est."

"Quid?!" Melissūrgus respondit. "Mortua?! Fierī nōn potest!" Melissūrgus fīliam intuitus est. Mortua erat. Nihil dīxit Melissūrgus. Apiārium parvum fīliae suae intuēbātur. Tum, prope apiārium et illās trēs ligneās apēs sanguinem Melissae vīdit et statim ad uxōrem rediit: "Mel, ut valēs, uxor mea?"

"Fessa sum, Melissūrge. Velim paulisper dormīre," Melissa inquit oculōs claudēns.

Melissūrgus eī ōsculum dedit. Tum abiit sēcum suās trēs ligneās apēs et apiārium ferēns. Forās ut apud apēs suās versārī posset iit. Hūc et illūc volābant. Eās intuēbātur. Sōl occidēbat, Melissūrgus illīc immōtus mānserat. Post illam noctem, Melissa numquam ē somnō excitāta est.

CAPITULUM QUĀRTUM

Mēnse Augustō, fuit caelum serēnum et ventus lēniter flābat. Sub Taurō apud Melissūrgum, apēs aberant. Melissūrgus silēns ante domum cum tribus apibus ligneīs et apiāriō parvō sedēbat. Barba ēius longa erat. Arborēs intuēbātur. Paulō post surrēxit. Trēs apēs ligneās et apiārium parvum manū cēpit. Ad carrum iit. Illō diē, longius iter fēcit. Arborēs dabant fessīs umbram. Sed Melissūrgus eās nōn intuēbātur. Apēs per flōrēs et herbās volābant. Melissūrgus nihil audiēbat.

Illā nocte, ad portum advēnit. Ad quandam nāvem iit. Magister illīus nāvis "Quid vīs?" Melissūrgum rogāvit.

Melissūrgus nihil respondit. Magistrī caput percussit. Magister nāvis cecidit. Melissūrgus nāvem cēpit et ē portū nāvigāvit. Nox erat. In mediō marī, stēllae in caelō obscūrō fulgēbant. Melissūrgus apiārium parvum et trēs apēs ligneās amplexus est. Silentium māximum erat. Sōlus oculōs clausit. Nōn multō post, Melissūrgus in nāve dormiēbat.

Posterō diē, Melissūrgus multum ēsuriēbat. Ergō, in portum nāvigāvit. Nōn habēbat pecūniam. Nesciēbat quid faceret. Sēcum cōgitābat. Tandem, tabernam quandam intrāvit.

Tabernārius "Salvē, nauta," Melissūrgō inquit.

Melissūrgus nihil respondit.

"Ut valēs? Vīsne aliquid?" rogāvit tabernārius.

"Volō edere," respondit Melissūrgus.

"Bene habet," tabernārius inquit, "quia dapēs optimās habeō. Mox redībō!" Tabernārius in culīnam iit. Paulō post rediit cum dapibus bonīs calidīsque. Dapibus cōnsūmptīs, Melissūrgus surrēxit ut abīret. Tabernārius "Heus tū!" clāmāvit. "Mihi pecūniam dēbēs. Venī hūc statim!"

Melissūrgus nihil dīxit, sed statim ad tabernārium iit. Eum cēpit et eīus caput percussit. Tabernārius cecidit. Prope tabernam trēs mendīcī erant quī omnia vīderant. Quia etiam illī multum ēsuriēbant, statim tabernam intrāvērunt et cibum abstulērunt.

Dum Melissūrgus ad nāvem redit, mendīcī eum secūtī sunt. Ūna ex illīs, quae capillō fuscō et oculīs nigrīs erat, "Exspectā!" Melissūrgō magnā cum vōce imperāvit.

Sīcut leō in amphitheātrō ā gladiātōribus circumdatus ferōciter circumspexit et mendīcōs "Quid malum vultis?" rogāvit.

"Nōmen mihi Alexandra est. Nōlumus tibi nocēre," Alexandra respondit. "Volumus tē comitārī, sī licet. Cum ēsuriēs, tē adiuvābimus."

Melissūrgus adsēnsūs est. Omnēs in nāvem ascendērunt et ē portū nāvigāvērunt.

CAPITULUM QUĪNTUM

Alexandra "Magister," dīxit, "ecce, est nāvis mercātōria. Eam capiāmus!"

"Bene monēs," respondit Melissūrgus, "mea Alexandra. Videāmus quālem praedam habent illī!" Melissūrgus et sociī nāvem mercātōriam cēpērunt et omnēs rēs in illā nāve inventās abstulērunt. Sociī Melissūrgum laudāvērunt. Melissūrgus autem in cubiculum rediit. Cubiculum ēius nōn ōrnātum erat. Intus erat tantum lectus, illae trēs apēs ligneae et illud apiārium parvum. In lectō modo cōnsēderat cum aliquis iānuam pulsāvit. "Intrā!" Melissūrgus inquit.

Alexandra, amīca ēius, intrāvit. "Melissūrge," inquit, "numerus virōrum nostrōrum cotīdiē augētur. Nunc nōbīs opus est oppidō in quō praedam tenēre possīmus et vulnerātī cūrārī possint."

"Mea Alexandra," Melissūrgus respondit, "bene monēs, ut semper. Quī locus idōneus tibi vidētur?"

"Locus idōneus mihi vidētur Taurus," Alexandra inquit. "Idōneus dēfēnsiōnī et prope mare est."

"Bene. Est quoddam parvum oppidum Taurī prope Coracēsium. Hoc oppidum prope mare est," respondit Melissūrgus.

"Ergō sunt nōbīs duo oppida occupanda!" Alexandra studiōsē inquit.

"Parā virōs!" imperāvit Melissūrgus.

Post paucōs diēs, Melissūrgus et sociī ad oppidum Coracēsium advēnērunt. Nōn facile oppidum occupāvērunt quia aderant virī quī prō oppidō suō fortiter pugnāvērunt. Sociī Melissūrgī perītiōrēs pugnandī erant, et oppidum cum labōre occupāvērunt. Posteā Melissūrgus sociōs ad oppidum in Taurō dūxit. Erat oppidum satis parvum in quō agricolae et pāstōrēs habitābant. Facillimē occupātum est.

CAPITULUM SEXTUM

Cōnsulibus P. Servīliō Vatiā et Appiō Claudiō Pulchrō, senātōrēs in Curiā Hostīliā convēnērunt ut dē pīrātīs loquerentur. Ūnus ex senātōribus sīc locūtus est:

"Multōs annōs pīrātae Nostrum Mare spoliant. Nostrum Mare adeō spoliāvērunt ut nunc sit vocandum Pīrāticum Mare. Cōnsulibus C. Mariō et Q. Lutātiō Catulō et posteā cōnsulibus C. Mariō et L. Valeriō Flaccō cōnātī erāmus dēbellāre pīrātās, sed ferē nihil effēcimus. Dēbēmus sēdem pīrātārum dēlēre. Opus est Ciliciam oppugnāre."

"Nōn tantum Cilicia," respondit Vatia cōnsul, "sed etiam Coracēsium est oppugnandum. Audīvī pīrātās ducem habēre. Est quīdam Cōrycius. Ille et sociī oppidum in Coracēsiō et castellum sub Taurō habent."

"Optimē!" inquit ūnus ex senātōribus. "Vatia, annō proximō prōcōnsul Ciliciae eris. Istī pīrātae sunt tibi dēlendī."

"Faciam!" respondit Vatia quī statim ex cūriā ad nāvēs et mīlitēs parandōs profectus est.

Duōbus proeliīs nāvālibus in marī ante oppida Lyciam et Pamphȳliam, Vatia pīrātās vīcit. Vatia occupāvit prīmum Olympum et Phasēlidem, duo oppida Lyciae. Paulō post, tōtam Lyciam cēpit et tum ad Pamphȳliam nāvēs dūxit. Pamphȳliā et Lyciā captīs, pīrātae ad castella suōrum fūgērunt.

Cōrycum, oppidum natale Melissūrgī, Vatia cēpit volens eum ad pugnandum incitāre. Eō tempore, Melissūrgus audīverat quid oppidō suō accidisset, sed in marī Aegaeō erat. Vatia iter facere ad Taurum perrēxit ubi gentem Isauricam vīcit.

CAPITULUM SEPTIMUM

Nīcomēdēs, rēx Bīthȳniae, "Bene valeās, Caesar," inquit in portū.

"Grātiās tibi," respondit C. Iūlius Caesar, "agō ob hospitālitātem tuam, rēx Nīcomēdēs." Caesar in nāvem ascendit et ē portū nāvigāvit.

Amīcus Caesaris "Caesar," aliquid procul vidēns rogāvit, "cūius nāvis est quae ad nōs nāvigat?"

Sōl lūcēbat et ventus secundus erat. Caelum sine nūbibus erat serēnum. Melissūrgus et sociī per mare Aegaeum ad Coracēsium nāvigābant ut oppidum suum ā Rōmānīs servārent. Alexandra aliquid procul vīdit et rogāvit:

"Magister, cūius nāvis est illa?"

"Rōmānōrum," respondit Melissūrgus. "Para virōs. Eam nāvem capiēmus."

Nāvē Rōmānōrum captā, Caesar et aliī nāvem Melissūrgī intrāvērunt. Caesar īrātus ita locūtus est:

"Nōnne scīs quis sim?"

"Nōn." respondit Melissūrgus. "Neque cūrō."

"Ō pīrāta stulte," Caesar respondit, "Gāius Iūlius Caesar sum."

"Et quid," rogāvit Melissūrgus, "ad nōs, ō Rōmāne parve? Sine cūrā sīs. Nōlō tē interficere. Volō pecūniam. Dā mihi vīgintī talenta, atque tū et sociī tuī domum redīre poteritis."

"Vīgintī tantum?!" Caesar offēnsus clāmāvit. "Quid malum dīcis, pīrāta? Ut iam dīxī, Gāius Iūlius Caesar sum. Rogā quīnquāgintā talenta."

"Hahae!" rīsit Melissūrgus quī numquam rīdēbat. "Alexandra, mihi placet iste Rōmānus. Etsī parvus est, nōbīs multum pecūniae dabit. Līberā aliquot amīcōs ēius et ad pecūniam expediendam mitte."

Post aliquot diēs, Caesar apud Melissūrgum et ēius sociōs versābātur, nōn captīvus sed socius. Apud eōs sē exercēbat et poēmata scrībēbat recitābatque. Quōdam diē, poēmate recitātō, ūnus ex sociīs Melissūrgī nōn applausit. Caesar īrātus clāmāvit sīc:

"Ō pīrāta stulte, cūr nōn applausistī? Sānē indoctus es. Cum līberātus erō, redībō ut vōs omnēs capiam et interficiam."

Cui Melissūrgus "Hahahae!" rīdēns inquit "Iste Rōmānus est tam audāx! Mihi perplacet. Alexandra, audī quid tibi dīcam. Mihi est eundum Coracēsium ut oppidum cūrem et cōpiam cibī nōbīs colligam. Manē hīc in īnsulā cum istō Rōmānō et pecūniam ab eō accipe. Opus nōbīs erit pecūniā post haec bella contrā istōs Rōmānōs. Redībō quam celerrimē."

"Faciam," respondit Alexandra. "Cūrā ut valeās, magister."

CAPITULUM OCTĀVUM

Amīcī Caesaris ad īnsulam in quā pīrātae cum Caesare erant rediērunt.

"Salvēte!" Caesar laetus amīcōs suōs vidēns inquit. "Habētisne tōtam pecūniam?"

"Habēmus!" respondit ūnus ex amīcīs.

"Ecce, pīrātae," Caesar inquit, "ut dīxī, quīnquāgintā talenta vōbīs. Nunc abeō."

"Grātiās tibi, Rōmāne," Alexandra dīxit. "Valeās."

"Sine cūrā," respondit Caesar subrīdēns, "sīs. Mox redībō. Et ut anteā dīxī, vōs omnēs interficiam."

"Hahahae! Iste Rōmānus placet!" omnēs pīrātae simul dīxērunt.

Caesar et socii ab īnsulā nāvigāvērunt. Alexandra talenta in nāve posuit. Omnēs in īnsulā perrēxērunt magistrum Melissūrgum exspectāre.

Paucōs post diēs, Alexandra ē lītore nāvem procul accēdentem vīdit. "Tandem," inquit, "Melissūrgus revēnit." Tum ad sociōs "Parāte vōs, revenit magister noster!"

Dum nāvis appropinquat, Alexandra nāvem melius vidēre poterat. Magistrum suum nōn vīdit. Procul aliquem clāmantem audīvit.

"Pīrātae, ecce mē!" clāmāvit Caesar quī, ut anteā dīxerat, redībat.

Trēs scaphae Rōmānōrum mīlitum īnsulae appropinquāvērunt. Alexandra quae ānxia erat "Parāte vōs!" imperāvit. "Mīlitēs Rōmānī in illīs scaphīs sunt."

Caesar et mīlitēs ē scaphīs in harēnam dēscendērunt. Caesar ad Alexandram accessit et "Salvē, mea Alexandra," inquit, "prōmīsī mē reditūrum esse." Tum, Alexandrae caput percussit. Alexandra cecidit.

Sōl in caelō splendēbat et ventus secundus erat. Melissūrgus cum cōpiā cibī et nūntiō dē Coracēsiō--Rōmānī nōndum oppidum cēperant sed capere volēbant--redībat. Procul īnsulam vīdit et nāvem prope īnsulam. In īnsulā sociōs suōs vīdit sed omnēs immōtī erant. In lītore, ē nāve in harēnam dēscendit. Appropinquāvit sociīs. Omnēs mortuī erant. Sub Alexandrā mortuā scrīptum erat: "Fēcī id quod prōmīsī. - Caesar." Melissūrgus trīstis et simul īrātus factus est. "Istum parvum Rōmānum! Eat māximam in malam crucem!" Melissūrgus pedem Alexandrae amīcae cārae tangēns sēcum locūtus est. Statim in nāvem ascendit et profectus est.

CAPITULUM NŌNUM

Erant nūbēs in caelō dum Melissūrgus domum redit. Magnus ventus flābat et mare turbidum erat. Procul flammās in domibus oppidī suī vīdit. Cum in portum rediisset, hominēs plōrantēs vīdit audīvitque. Hominī quī silēns in portū sedēbat et aquam intuēbatur "Heus tū," Melissūrgus dīxit, "quis hoc fēcit? Abhinc tantum trēs diēs hīc versābar."

"Salvē, magister," pīrāta respondit. "Rōmānī hoc fēcērunt. Multī Rōmānī fuērunt. Nihil efficere contrā eōs potuimus."

"Quot mortuī sunt?" Melissūrgus rogāvit.

"Ferē omnēs," inquit pīrāta. "Etiam Zenicētus sē occīdit nōlēns captīvus Rōmānōrum esse."

Zenicētus optimus dux proximī oppidī et Melissūrgī amīcus fuerat. Trīstior īrātiorque factus est Melissūrgus. "Ubi sunt," interrogāvit Melissūrgus, "istī Rōmānī?"

"Trāns Taurum trānsiērunt," pīrāta respondit. Melissūrgus statim domum suam iit ut tōtam pecūniam colligere posset. Voluit exercitum pīrātārum convocāre. Omnēs Rōmānōs dēlēre voluit. Melissūrgus Taurum trānsitūrus nūntium Rōmānōrum accēpit. Ob bellum contrā Mithridātem, Rōmānī bellum contrā pīrātās relīquerant.

Melissūrgus putāvit tempus opportūnum esse Ītaliam oppugnandī. Cum multīs pīrātīs ad nāvēs quae erant in portū profectus est.

In portū, quīdam pīrāta "Magister," clāmāvit, "audī quid tibi dīcam."

"Dīc, quaeso," Melissūrgus inquit.

"Servus quīdam, cui nōmen est Spartacus, auxilium vult. Is et multī servī ē vīllīs fūgērunt et multōs Rōmānōs occīdērunt. Tē in Lūcāniā exspectant."

"Scīs nōs servōs vēndere. Cūr eōs adiuvēmus?" rogāvit Melissūrgus.

"Vērum est, servī sunt, sed Spartacus et aliī fortissimī gladiātōrēs sunt. Praetereā Spartacus dīxit sē pecūniam tibi datūrum esse."

"Certē nōbīs opus est pecūniā," Melissūrgus dē plūribus pīrātīs habendīs cōgitāns respondit. "Bene, faciam. Ad Lūcāniam nāvigēmus."

CAPITULUM DECIMUM

Nox erat in Lūcāniā. Melissūrgus et sociī ad portum advēnērunt. Melissūrgus cum duōbus sociīs ē nāve dēscendit. Prope portum erant multae īnsulae et aedificia. In oppidō erant tenebrae neque quisquam in viīs erat. Melissūrgus nesciēbat ubi Spartacus esset. Tandem, sonum audīvit et circumspexit. Inter duās īnsulās trēs umbrās obscūrās vīdit. Ūna ex umbrīs "Venīte hūc," dīxit.

Melissūrgus et sociī ēius per viam in tenebrās iērunt. Per viās parvās et obscūrās eās umbrās secūtī sunt. Tandem, inter quattuor īnsulās vīdērunt forum parvum lūnae lūmine illūminātum. Ūna ex umbrīs Melissūrgō appropinquāvit et oculōs ad lūnam sustulit. Barbam et oculōs obscūrōs habēbat. Vir magnus erat, nōn sīcut Caesar, ille parvus Rōmānus. Haec verba fēcit:

"Spartacus vocor. Tibi grātus sum quia hūc vēnistī."

Ad hoc Melissūrgus: "Opus mihi," inquit "pecūniā est. Volō istōs Rōmānōs dēlēre. Quōmodo tē adiuvāre possum?"

"Ego quoque Rōmānōs volō occīdere," respondit "et iam multōs occīdī."

"Quōmodo tibi auxiliō esse possumus?" interrogāvit Melissūrgus.

"Duo mīlia virōrum," respondit, "in Siciliam trānsportāre volō. Nāvēs nōn habeō, sed tū habēs."

Melissūrgus rogāvit: "Intellegō. Vīs virōs tuōs in Siciliam trānsportem. Quid in Siciliā est?"

Sīc respondit Spartacus: "Plūrimī servī ibi sunt. Eōs līberāre volō ut ad meōs addam. Tum, eōrum numerō auctō, Rōmam oppugnābimus et fortasse Rōmam vincere poterimus."

"Intellegō," Melissūrgus respondit, et rogāvit. "Quot nummōs nōbīs dabis ut virōs in Siciliam trānsportem?"

Ad hoc Spartacus: "Ducenta talenta et magnam praedam ex Rōmānīs captam. Hāc nocte tibi talenta dabō. Tum, crās cum nōs in Siciliam trānsportāveris, praedam vōbīs dabō. Placetne tibi cōnsilium?"

"Placet," inquit Melissūrgus. "Ergō inter nōs crās nocte vidēbimus eōdem locō."

Spartacus conversus ad ūnam ex umbrīs quae cum eō erant imperāvit: "Dā eī talenta." Umbra ex tenebrīs in lūmen lūnae vēnit talentaque Melissūrgō dedit.

Illā nocte, Melissūrgus sēcum cōgitābat. Sī adiūverō Spartacum et Spartacus Rōmānōs vīcerit, nōn iam erunt servī in Ītaliā. Et sī servī in Ītaliā nōn erunt, ego et aliī pīrātae fontem pecūniae perdēmus. Sed sī Spartacus Rōmānōs vīcerit, fortasse aliam fontem pecūniae inveniēmus. Nesciēns quid faciat, sēcum ita locūtus est: "Mea Alexandra, utinam mēcum essēs, quia tū scīrēs quid faciendum esset."

Proximā nocte, lūna fulgēbat. Inter īnsulās et aedificia tenebrae erant. Per viās obscūrās Spartacus cum duōbus mīlibus servōrum ad eundem locum vēnit. Illīc Melissūrgum exspectāvit. Melissūrgus autem iam in nāve erat, nōn in portū, sed in marī: eī opus erat pecūniā. Servōs nōn adiuvāre, sed vēndere volēbat.

CAPITULUM ŪNDECIMUM

Dum Spartacus et servī ā Crassō et Rōmānīs vincuntur et Rōmānī in bellō Mithridāticō pugnant, Melissūrgus et aliī pīrātae plūrēs fiēbant mareque īnfēstābant.

Īnsula Crēta, quae prope Graeciam et terram pīrātārum erat, ā multīs pīrātīs inhabitābātur. In illīs aquīs pīrātae multōs Rōmānōs aliōsque capiēbant. Erat perīculōsissimum in illīs aquīs nāvigāre.

Melissūrgus sociīs suīs haec dīxit:

"Sociī, vel pīrātae, ut istī Rōmānī dīcunt, vīta nostra facilis nōn fuit. Id quod fēcimus, sānē, nōn semper bonum fuit, sed necessārium. Rōmānī in terrā rēgnant et nōs in marī rēgnamus. Sed nunc istī Rōmānī in marī quoque rēgnāre volunt! Quid fēcērunt? Vatia cōnsul Lyciam, Pamphȳliam, Olympum, Phasēlidem, Cōrycum et Isauriam cēpit. Quōmodo autem id fēcērunt? Prīmum portūs occupāvērunt. Ergō, nōs hodiē portum Rōmānōrum capiēmus. Estisne parātī?

"Ita!" omnēs pīrātae, quōrum iam amīcī familiaeque ā Rōmānīs interfectī erant, magnā vōce clāmāvērunt.

Nox obscūra erat. Stēllae in caelō fulgēbant, lūna aequor illūminābat. Nāvēs Melissūrgī per aquam ībant. Ōstiam, quae portus māximī mōmentī Rōmānīs fuit, Melissūrgus et sociī nāvibus advēnērunt. Tacitī Melissūrgus et sociī ex nāvibus in portum dēscendērunt. Rōmānī in īnsulīs domibusque dormiēbant. Per viās obscūrās ad īnsulās et domūs iērunt, omnēs magistrum Melissūrgum sequentēs. Nescientēs quid facerent, Melissūrgum intentē intuēbāntur.

Ad sociōs suōs conversus, face faciem illūminante, Melissūrgus subrīdēns dīxit:

"Nimis dēnsae tenebrae sunt. Fīat lūx!", et incendit aedificium.

Pīrātae omnēs idem fēcērunt. Mox, tōta Ōstia ārdēbat. Rōmānī hūc et illūc ab īnsulīs et aedificiīs ārdentibus fugiēbant. Quīdam Rōmānus cum familiā suā in nāvem fūgit. Melissūrgus eōs vīdit et suīs imperāvit:

"Vōs, īte statim. Capite eōs et illam nāvem." Conversus ad aliōs virōs quī prope stābant ita imperāvit: "Vōs, incendite omnēs nāvēs. Nēminī licet fugere."

Ūnus ex virīs Melissūrgum vocāvit et "Magister," clāmāvit, "adsunt duo senātōrēs. Quid faciāmus?"

"Ferte istōs," respondit, "hūc. Venient nōbīscum."

Illa aurōra duōs sōlēs habuit. Alter sōl ex Appennīnō erat, alter ex oppidō Ōstiā.

CAPITULUM DUODECIMUM

Posterō diē, Rōmae omnēs timēbant nē pīrātae ad portās venīrent. Populus senātōrēs, cōnsulēs, magistrātūs et omnēs imperium habentēs rogābat ut Rōmam servārent. Apud Forum Rōmānum quīdam tribūnus plēbis, nōmine Aulus Gabīnius, versābātur. Ille sānē rem pūblicam servāre volēbat sed nesciēbat quōmodo id faceret. Dum sēcum cōgitat, advēnērunt amīcī ēius, Gnaeus Pompēius Magnus et Mārcus Tullius Cicerō. Pompēius perītissimus dux Rōmānus fuit et Cicerō perītissimus ōrātor et philosophus.

Pompēius et Cicerō forum intrāvērunt et ad Aulum accessērunt. Pompēius "Mī Aule," inquit, "ut valēs?"

"Salvē, Pompēī. Salvē, Cicerō," Aulus inquit. "Dī bonī! Valeō, sed audīvistisne iam dē calamitāte Ōstiae?"

"Audīvimus!" respondērunt.

Aulus rogāvit "Quid dēbēmus facere?"

Pompēius respondit, "Certē ego possem istōs pīrātās dēlēre. Sed nōn iam cōnsul sum, ergō imperium mihi deest."

"Imperium. Certē," Cicerō inquit. "Aule, quia tū tribūnus plēbis es, lēgem scrībe quā summum imperium Pompēiō dētur. Ego hanc lēgem senātōribus prōpōnam."

"Ain' tū?" rogāvit Pompēius.

"Āiō!" Cicerō respondit. "Rēs pūblica est servanda."

Aulum, quī domum iam currēbat, "Quō is?" Pompēius rogāvit.

Ad hoc Aulus respondit, "Lēgem scrīptum eō. Mox redībō. Convocā in cūriam senātōrēs!"

Paulō post, Aulus ad cūriam advēnit lēgem manū tenēns. Senātōrēs iam intus erant et exspectābant. Aulus lēgem in manū Cicerōnis posuit. Cicerō ante omnēs senātōrēs in mediā cūriā surrēxit et ita locūtus est:

"Quirītēs, māximae virī virtūtis, esse in hōc locō ad dīcendum ōrnātissimō est mihi māximō honōrī. Dē tempore praeteritō cum trīstitiā et dē tempore futūrō cum spē vōs hodiē adloquar. Sed quid ego tempus praeteritum commemorō? Fuērunt Rōmānī quī procul ā patriā bellum gerēbant et sociōrum fortūnās dēfendēbant, nōn domūs suās. Nam cūr ego dē calamitāte Ōstiae atque illā maculā reī pūblicae loquar? Intuentibus vōbīs, nāvis cōnsulis populī Rōmānī ā pīrātīs capta atque dēpressa est! Prō dī immortālēs!

"Quirītēs, quam prōvinciam tenuistis ā pīrātīs līberam per hōsce annōs? Quae pecūnia vōbīs tūta fuit? Quem socium nāvibus vestrīs dēfendistis? Quam multās putātis īnsulās esse dēsertās? Quam multa oppida aut metū relicta aut ā pīrātīs capta esse sociōrum? Istī pīrātae nōbīs difficultās māxima sunt.

"Quis nōs adiuvāre potest? Ūnus vir est: Gnaeus Pompēius. Ego enim sīc putō in summō imperātōre quattuor hās rēs inesse oportēre,—scientiam reī mīlitāris, virtūtem, auctōritātem, fortūnam. Cn. Pompēius omnēs quattuor hās rēs habet. In quō genere bellī ille nōn fortiter prō rē pūblicā pugnāvit et vīcit? Cīvīle, servīle, Āfricānum, Trānsalpīnum, Hispāniēnse, nāvāle bellum, et alia genera bellōrum nōn tantum gessit sed etiam cōnfēcit. Hae victōriae ostendunt nūllam esse rem mīlitārem, quae hūius virī scientiam fugere possit. Ergō nōbīs oportet imperium Maris Nostrī Cn. Pompēiō summum dare hāc lēge.

"Aulus Gabīnius hodiē lēgem dē ūnō imperātōre contrā pīrātās cōnstituendō prōposuit. Meā quidem sententiā, Quirītēs, A. Gabīnius, quī sōlus socius Cn. Pompēiō ascrībī potest, rēctissimē Cn. Pompēiō imperium ut dēmus nōs monet.

"Ego spērō vōs hanc lēgem comprobātūrōs. Quirītēs, nēmō mē impediet! Ego vestrum iūs beneficiumque dēfendam.

"Iūrō per omnēs deōs, et māximē per eōs quī in hōc locō templōque habitant, quīque vident quī hominēs dē rē pūblicā cūrent, neque mē quisquam hoc rogāvit ut facerem, neque id faciō quia putem mē grātiam Cn. Pompēiī per hanc causam accipere posse. Quirītēs, ego mē haec omnia reī pūblicae causā fēcisse iūrō."

Tum Cicerō cōnsēdit. Omnēs senātōrēs surrēxērunt et māximē applausērunt. Lēgem comprobāvērunt. Pompēius Nostrō Marī praefectus est.

CAPITULUM TERTIUM DECIMUM

Intereā, ventus secundus in Marī Tyrrhēnō flābat, Melissūrgus et sociī varia oppida Ītalica oppugnābant. Gaudēbat Melissūrgus Rōmānōs hōc modō patī vidēns.

Nūntius ad Melissūrgum vēnit et hoc nūntiāvit:

"Salvē, magister. Senātus Rōmānus classem nāvium ad oppugnandam Crētam mīsit."

"Crētam? Quandō?" rogāvit Melissūrgus.

"Abhinc paucīs diēbus," respondit.

"Abhinc paucīs diēbus? Fortasse iam ad Crētam sunt." Melissūrgus inquit. "Quis dux est?"

Nūntius respondit, "Est quīdam Quīntus Caecilius Metellus."

"Iam Rōmānī Spartacum et servōs suōs interfēcērunt. Nunc nōs oppugnant. Oportet adiuvāre Crētam, sī nōlumus ā Rōmānīs vincī. Grātiās tibi." Conversus ad suōs inquit Melissūrgus, "Amīcī, Rōmānī Crētam oppugnātūrī sunt. Possumus eōs adiuvāre, sed est nāvigandum nōbīs statim. Eāmus!"

Et omnēs pīrātae cum Melissūrgō in nāvem ascendērunt et ē portū ad Crētam nāvigāvērunt.

Prope īnsulam Crētam, pīrātae sē parābant ad bellum gerendum contrā Rōmānōs quī ā Quīntō Caeciliō Metellō dūcēbantur. Pīrātae et Crētēnsēs tam fortiter cum Metellō pugnāvērunt ut Metellus eōs vincere nōn posset. Tandem, pīrātārum nāvēs ā Rōmānōrum nāvibus victae sunt. Crētēnsēs et pīrātae in harēnā sē parāvērunt ad pugnandum cum Rōmānīs. Certē Rōmānī longē melius in terrā quam Crētēnsēs pīrātaeque pugnābant. Metellus deinde tōtam īnsulam ignī ferrōque occupāvit ac pīrātās et Crētēnsēs intrā castella īnsulae persecūtus est. Mūrī castellōrum erant nimis validī. Eōs quī extrā castella erant cēpit Metellus et in catēnās coniēcit. Metellus ante mūrōs clāmāvit:

"Crētēnsēs et pīrātae, multōs Crētēnsēs et pīrātās interfēcimus. Aliī servī erunt. Nōn est necesse omnēs morte vel servitūte perdere. Venīte in dēditiōnem. Sī hoc nōn facitis statim, tōtam īnsulam dēlēbimus."

Aliī Crētēnsēs et pīrātae occīdī ā Metellō nōlentēs sē interfēcērunt, aliī Metellō hōc modō respondērunt:

"Metelle, nimis crūdēlis es. Nōlumus in dēditiōnem ad tē venīre, sed ad Pompēium absentem, quī vērus imperātor hūius partis maris est."

Nūntius, quī nūperrimē Rōmā advēnerat, Metellō nūntiāvit: "Metelle dux, senātōrēs Cn. Pompēium Nostrō Marī praefēcērunt."

Cui Metellus īrātissimus et invītus inquit, "Adsentiō. Istī Pompēiō imperium suum habēre licet, sed nēmō meam hāc in īnsulā victōriam mihi auferet. Triumphum habēbō!" Tum, Metellus sē in nāvem convertit.

CAPITULUM QUĀRTUM DECIMUM

Cum Melissūrgus in Crētam advēnit, ignēs in domibus nec ūllōs hominēs vīdit. Sērō advēnit, Metellus Crētam iam occupāverat et pīrātās aut interfēcerat aut cēperat.

In portū Ōstiae, quam pīrātae ante incenderant, Pompēius ducēs suōs convocāvit et sīc locūtus est:

"Ducēs, Nostrum Mare magnum est et plēnum pīrātārum. Nōbīs nōn licet pīrātās oppugnāre ut solēmus. Ergō, Nostrum Mare in partēs trēdecim dīvīsī. Vōs hās partēs occidentālēs habēbitis, et vōs illās partēs orientālēs. Ego in omnibus partibus vōbīscum erō. Nāvigēmus!"

Pompēius et ducēs ēius profectī sunt. Post quadrāgintā tantum diēs, pars occidentālis prior līberāta est. Ducēs Pompēiī pīrātās ad portum tulērunt. Multōs pīrātās interfēcērunt multōsque servōs fēcērunt.

Melissūrgus nesciēbat quid faceret. Iam partem occidentālem Pompēius vīcerat. Tot Rōmānōs simul difficillimum vincere erat. Amīcī ēius vērī iam interfectī erant. Pompēius celerrimē nāvigābat. Melissūrgus cum suīs ducibus nec celeriter nec facile loquī potuit. Ergō ad Coracēsium nāvigāre cōnstituit ut oppidum suum servāret.

CAPITULUM QUĪNTUM DECIMUM

Sine nūbibus, sōl in caelō splendēbat. Ventus flābat. Ante Coracēsium, Melissūrgus et sociī ad proelium nāvāle sē parābant. In summā, vīgintī nāvēs habēbant. Pīrātīs nōn erant nāvēs longae, sed mercātōriae, et eae minōrēs nāvibus Rōmānōrum erant.

Melissūrgus ex nāve sociōs suōs hīs verbīs incitāvit: "Pīrātae, hodiē erit fortiter cum Rōmānīs pugnandum. Istī Rōmānī nōs vincere dēlēreque volunt. Mare Nostrum volunt! Nōs nostrum genus vītae servāre volumus. Istī vērō id dēlēre volunt. Līberī esse volumus. Istī nōs servōs esse volunt. Nāvigāre in marī volumus. Istī nōs in terrā manēre volunt. Num placet nōbīs hoc?"

"Minimē!" respondērunt omnēs ex nāvibus.

"Quī sumus?" rogāvit Melissūrgus.

"Pīrātae!" respondērunt.

"Quid, pīrātae, est faciendum?" rogāvit.

"Pugnandum!" respondērunt.

Pīrātae parātī erant. In nāvibus arcūs, gladiōs, arma varia, tormenta habēbant.

Procul nāvēs apparuērunt. Erant nāvēs Rōmānae. Pompēius adveniēbat. Pompēius sēcum habēbat ferē sexāgintā nāvēs longās. Birēmēs et trirēmēs habēbant Rōmānī. Rōmānī arcūs, gladiōs, scūta, galeās, tormenta, corvōs habēbant.

Pompēius nāvēs suās īnstrūxit. Melissūrgus quoque nāvēs īnstrūxit. Pompēius et Melissūrgus signa dedērunt et nāvēs profectae sunt. Pīrātae prope lītus stābant quia circumdarī nōlēbant. Rōmānī autem circumdare pīrātās volēbant nē iī fugere possent. Quamquam nāvēs pīrātārum minōrēs quam nāvēs Rōmānōrum erant, celeriōrēs tamen erant. Melissūrgus ad dextrum latus Rōmānōrum nāvigāvit. Nāvis Rōmāna lentē sē convertēbat.

Melissūrgus "Conicite sagittās!" imperāvit.

Pīrātae sagittās in igne posuērunt. Tum, conicērunt eās in nāvem Rōmānam. Nāvis flammīs cōnsūmpta est. Pompēius nāvēs Rōmānōrum imperāvit nāvēs pīrātārum percutere. Nāvēs pīrātārum percussae sunt rōstrīs nāvium Rōmānōrum. Pompēius magnam partem nāvium dēpressit.

Quamquam Melissūrgus victor in pugnā fuit, victor in proeliō nāvālī fuit Pompēius. Melissūrgus hoc vidēns suōs imperāvit:

"Redeāmus ad castellum nostrum quod est in Taurō! Mūrī validī sunt. Possumus illīc pugnāre."

Melissūrgus et reliquī pīrātae ad castellum fugērunt.

CAPITULUM SEXTUM DECIMUM

Celeriter Pompēius suōs ad oppidum Melissūrgī dūxit. Dē mūrīs pīrātae sagittās hastāsque coniciēbant. Rōmānī autem scūtīs sē dēfendēbant. Brevī tempore, Rōmānī mūrōs oppidī circumdedērunt. Intellegēns sē fugere nōn posse, Melissūrgus nūntium ad Pompēium mīsit. Nūntius dīxit Melissūrgum in dēditiōnem venīre velle.

Cui Pompēius: "Vōs in dēditiōnem ā duce vestrō tantum accipiam. Dūc mē ad eum."

Nūntius Pompēium in oppidum dūxit. Multī pīrātae in viīs oppidī erant. Oppidum aedificia multa habēbat. Erant tabernae, casae, domūs, et in mediō oppidō pīrātae castellum aedificāverant. Pompēius in castellum ā nūntiō ductus est. Intus, ante iānuam magnam cōnstitērunt. Nūntius iānuam aperuit. Pompēius iānuā apertā intrāvit. Conclāve magnum erat, et intus tantum lectus, mēnsa, illae trēs apēs ligneae et apiārium parvum erant. Prope hās rēs Melissūrgus in sellā sedēbat. Melissūrgus dē sellā surrēxit. Vir prōcērus et magnus erat--prōcerior et māior Pompēiō.

"Quid," Pompēius rogāvit, "est nōmen tibi?"

"Melissūrgus est mihi nōmen," respondit.

"Salvē, Melissūrge," inquit Pompēius. "Ab tē tantum vōs in dēditiōnem accipiam."

Melissūrgus: "Quid tum? Accipe. Fac nōbīs quod vīs."

"Velim scīre cūr pīrāta factus sīs," respondit Pompēius.

"Quid intellegere potes?" Melissūrgus ad apēs ligneās et apiārium conversus dīxit. "Rōmānus es. Numquam patiendum tibi fuit ut mihi."

"Cūr nōn? Nōnne sunt Rōmānī hominēs? Nōnne patimur?" rogāvit Pompēius.

"Nesciō," respondit Melissūrgus quī apēs ligneās et apiārium intuēbātur.

"Quae sunt?" interrogāvit Pompēius.

Ad hoc Melissūrgus "Fuit" inquit, "familia mea."

"Et nunc ubi est?" rogāvit.

"Mortua," respondit Melissūrgus.

"Quōmodo? Ā Rōmānīs interfecta?" rogāre perrēxit Pompēius.

"Nōn ā Rōmānīs. In puerperiō mortuae sunt." Melissūrgus inquit duās ex apibus manū tenēns.

Ad hoc Pompēius inquit: "Doleō hoc audīre. Et ego idem passus sum."

Melissūrgus Pompēium intuēns "Ain' tū?" respondit.

"Aiō!" Pompēius respondit. "Multum doluī. Uxōrem amābam. Fīliam nostram laetissimus exspectābam. Post mortem eārum, ego quidem morī voluī. Paulō post, alteram fēminam in mātrimōnium dūxī quae mihi trēs fīliōs peperit. Maestus nōn iam fuī. Officium meum facere dēbuī. Fuit officium prō patriā et familiā. Sine eīs, certē adhūc maestus essem. Ante mortem familiae, cui reī operam dabās?"

"Mel vēndēbam," respondit.

"Intellegō. Fuistī apiārius. Audī, Melissūrge, quid tibi dīcam. Meā quidem sententiā, pīrāta nōn es. Rēs adversae tē perdidērunt, et multōs ex vōbīs. Venī. Sciō quid vōbīs facere velim."

Cum illīs tribus apibus ligneīs et illō parvō apiāriō, Melissūrgus Pompēium secūtus est.

CAPITULUM SEPTIMUM DECIMUM

Multōs post annōs et post mortem Pompēiī, P. Vergilius Marō poēta Mantuānus in Ītaliā merīdiānā versābātur. Cum Romam rediisset, haec dē suō tempore illīc actō scrīpsit: "Meminī mē senem Cōrycium vīdisse sub turribus Tarentī, quō locō Galaesus, nigrum flūmen, agrōs flāvōs ūmectat. Paucae terrae Cōryciō virō relictae erant. Hae terrae nec aptae ad arandum, nec opportūnae animālibus erant, nec pōma apta ad edendum dabant. Hīc et illīc Cōrycius premēbat herbās et flōrēs in fruticibus, quōs putābat rēgibus dignōs esse. Revertēns sērā nocte domum, dapēs inēmptās in mēnsā pōnēbat. Prīmus autumnō rosās atque pōma carpēbat. Et dum trīstis hiems frīgore saxa rumpit et glaciē cursus aquārum prohibet, ille iam pulchrās flōrēs carpēbat, aestātem et ventōs volēns. Prīmus etiam multās apēs habēbat et mella colligēbat. Ēius arborēs pōma nova habēbant. Ille ōrdine multās arborēs pressit quae umbrās fessīs offerēbant. Sed quia tempus et spatium mihi dēsunt, abeō et aliīs post mē rēs memorandās relinquō."

Mēnse Augustō, fuit caelum serēnum et ventus lēniter flābat. Apud Tarentum, oppidum maritimum, Melissūrgus laetus apud flōrēs ambulābat et apēs suās cūrābat.

GLOSSĀRIUM

A

ā/ab - away from, from, by
abeō, abīre, abiī - to go away
absum, abesse, āfuī - to be away
abhinc - henceforth, from now
ac - and
accedō, -cēdere, -cessī, -cessum - to approach
accipiō, -cipere, -cēpī, -cēptus - to accept
accīdō, -cīdere, -cīdī, -cīsum - to happen
ad - to / towards
addō, addere, addidī, additum – to add
adeō, adīre, adiī - to go towards
adsum, adesse, adfuī - to be present
adhūc - still
adiuvō, adiuvāre, adiūvī, adiūtum - to help
adloquor, adloquī, adlocutus – to speak to
adsentiō, adsentīre, adsensī, adsēnsūs - to agree
adveniō, advenīre, advēnī - to come
adversus, -a, -um - unfavorable
aedificō, -āre, -āvī, -ātum - to build
aedificium, -ī - a building
Aegaeum, -ī - the Aegean Sea
aequor, -is - smooth sea
aestas, -ātis - summer
Āfricānus, -a, -um - African
agō, agere, ēgī, actus - to drive, to do
agricola, -ae - farmer

ager, -grī - field
ain' tū - really?
aiō - really! (the response given to *ain' tū*)
Alexandra - female's name which in ancient Greek means "protector of man"
alius, -a, -ud - other(s), *alii...alii* - some...others
aliquis, aliquid - someone, something
aliquot - some
alter, -a, -um - other, *alter...alter* – the one...the other
ambulō, -āre, -āvī, -ātum - to walk
amīcus, -a - friend
amō, -āre, -āvī, -ātum - to love
amphitheātrum, -ī - amphitheater
amplector, amplectī, amplexus sum - to hug
animal, -ālis - animal
annus, -ī - year
ante - in front of, before
anteā - before
ānxius, -a, -um - anxious
aperiō, aperuī, apertum - to open
apis, -is - bee
apiārium, -ī - bee hive
apiārius, -ī - beekeeper
appāreō, appārēre, appāruī, appāritum - to appear
Appennīnus, -ī - Apennine mountain chain which runs the length of Italy
Appius Claudius Pulcher – Roman consul of 54 B.C.
applaudō, applaudere, applausī, applausum - to applaud
appropinquō, -āre, -āvī, -ātum – to approach
Aprīlis, -is - April

aptus, -a, -um - suitable

apud - among

aqua, -ae - water

arō, arāre, arāvī, arātum - to plow

arbor, -is - tree

arcus, -ūs - bow

ārdeō, ārdēre, ārsī, ārsum – to burn

arma, -orum - weapons

ascendō, ascendere, ascendī, ascensum - to climb

ascrībō, ascribere, ascripsī, ascriptum - to consider

atque - and

ātrium, -ī - entrance hall

auctōritas, -ātis - authority

audāx, -ācis - bold

audiō, audīre, audīvī, audītus - to hear

auferō, auferre, abstulī, ablātum - to take away, to steal

augeō, augēre, auxī, auctum - to grow

Augustus, -ī - Augustus, first emperor of Rome and adopted son of Caesar

Aulus Gabīnius - statesman and supporter of Pompey

aurōra, -ae - dawn

aut - or

autem - nevertheless, yet, however

autumnus, -ī - autumn

auxilium, -ī - aid, help

avis, -is - bird

B

barba, -ae - beard

bellum, -ī - war

beneficium, -ī - favor

birēmis, e - bireme (a battleship with two rows of oars)

Bīthȳnia, -ae - region in NW Asia Minor

bonus, -a, -um - good; bene - well

brevis, breve - short

C

caelum, -ī - sky

calamitas, -ātis - calamity, disaster

calidus, -a, -um - hot

canō, canere, cecinī, cantum - to sing

capillus, -ī - hair

capiō, capere, cēpī, captum - to take

captīvus, -a, -um - captive

caput, -pitis - head

cārus, -a, -um - precious, dear

carpō, carpere, carpsī, carptum - to pick

carrus, -ī - cart

casa, -ae - hut, small house

castellum, -ī - fortress, stronghold

catēna, -ae - chain

causa, -ae - cause

cadō, -ere, cecidī, cāsum - to fall

celer, celere - fast

    celeriter - quickly

    celerrimē - very quickly

certē - of course

cibus, -ī - food

Cilicia - southern coastal area of Asia Minor

circumdō, -āre, circumdedī, circumdātum - to surround

circumspiciō, -spicere, -spēxī, -spectum - to look around

cīvīlis, cīvīle - civil

clāmō, -āre, -āvī, -ātum - to shout

classis, -is - fleet of ships

claudō, claudere, clausī, clausum - to close

cōgitō, -āre, -āvī, -ātum - to think

colligō, colligere, collēgī, collectum - to collect

comitor, comitārī, comitātus - to join

commemorō, -āre, -āvī, -ātum - to remember

comprobō, -āre, -āvī, -ātum - to approve

cōnor, cōnārī, cōnātus - to attempt

conclāve, -is - room

conficiō, conficere, confēcit, confectum - to complete (*bella conficere* - to win wars)

coniciō, conicere, coniēcī, coniectum - to throw (*sagittam conicere* - to shoot an arrow)

cōnsīdō, cōnsīdere, cōnsēdī, consessum - to sit

cōnsilium, -ī - plan

cōnstō, constāre, cōnstitī, cōnstātum - to decide

cōnsul, -is - consul (one of two leaders of republican Rome)

cōnsumō, -ere, -psī, -ptum - to consume

contrā - against

conveniō, convenīre, convēnī, conventus - to gather

convertō, convertere, convertī, conversum - to turn around

convocō, -āre, -āvī, -ātus - to summon

cōpia, -ae - supply

Coracēsium - modern day Alanya, a city located in southern coastal Turkey

corvus, -ī - an instrument on a ship used to hook other ships making a bridge between the two

Cōrycius, -a, -um - a Corycian, from *Cōrycus* - a coastal town in southern Cilicia

cotīdiē - everyday

crās - tomorrow

Crassus - man responsible for putting an end to Spartacus

Crēta, -ae - Crete, large Greek island in Mediterranean Sea

Crētēnsēs - inhabitants of Crete

crūdēlis, -e - cruel

crux, -cis - cross

cubiculum, -ī - bedroom

culīna, -ae - kitchen

cum - with, when

cūr - why

cūrō, -āre, -āvī, -ātum - to heal

cūria, -ae - senate house

currō, currere, cucurrī, cursum - to run

cursus, -ūs - course

D

daps, -is - a feast

dē - from, down from, about

dēbellō, -āre, -āvī, -ātum - to vanquish

dēbeō, dēbēre, dēbuī, dēbitum - to have to

December, -bris - December

decimus, -a, -um - tenth

dēditiō, -nis - surrender (in *dēditiōnem venire* - to surrender)

dēfendō, dēfendere, dēfendī, dēfensum - to defend

défēnsiō, -ōnis - defence

deinde - then

dēleō, dēlēre, dēlēvī, dēlētum - to destroy

dēnsus, -a, -um - thick, dense

dēprimō, dēprimere, dēpressī, dēpressum - to sink

deus, -a - god, goddess (*dī* is the plural; *dī bonī* or *prō dī immortālēs* mean "good gods!")

dēprimō, dēprimere, dēpressī, dēpressum - to sink

dēscendō, -ere, dēscendī, dēscensum - to climb down

dēsertus, -a, -um - deserted

dēsum, desse, dēfuī - to be absent

dexter, -tra, -trum - right (direction)

dicō, dicere, dīxī, dictum - to say

diēs, -ī - day

difficilis, -e - difficult

difficultās, -ātis - difficulty

dignus, -a, -um - worthy

discō, discere, didicī - to learn

dīvidō, -ere, dīvīsī, dīvīsum - to divide

dō, dare, dedī, datum - to give

doleō, -ēre, -uī, -itum - to be in pain

domus, -ūs - house

dōnum, -ī - gift

dormiō, -īre, -īvī, -ītum - to sleep

duo, duae, duo - two

dūcō, dūcere, dūxī, dūctum - to lead

dulcis, -e - sweet

dum - while

duodecimum - twelfth

dux, ducis - leader

E

ē, ex - out of, out from, from

ecce - look!, behold!

edō, edere, ēdī, ēsum - to eat

efficiō, efficere, effēcī, effēctum - to bring about

ego - I

enim - for, because

eō, īre, iī, itum - to go (*eamus* - let's go; *eat* - may he go)

ergō - therefore

ēsuriō, ēsurīre, ēsurivī, ēsurītum - to be hungry

et - and

etiam - even

etsī - even if

excitō, -āre, -āvī, -ātum - to wake

exerceō, exercēre, exercuī, exercitum - to train

exercitus, -ūs - army

exeō, exīre, exiī, exitum - to go out

expediō, expedīre, expedīvī, expedītum - to retrieve

exspectō, -āre, -āvī, -ātum - to wait

extrā - outside

F

facies, faciēī - face

facilis, facile - easy (*facillimē* - very easily)

faciō, facere, fēcī, factum - to make, to do

fax, facis - torch

familia, -ae - family

fēmina, -ae - woman

ferē - almost, nearly

ferōciter - fiercely

ferō, ferre, tulī, latus - to bring
(*ferte* - bring!)
fessus, -a, -um - tired
fēstum, -ī - festival
fīlia, -ae - daughter
fīlius, -ī - son
fīō, fierī, factus sum - to be made
(*fierī non potest* - it can't be;
fiat - let there be)
flō, -āre, -āvī, -ātum - to blow
(*ventus flat* - the wind blows)
flamma, -ae - flame
flāvus, -a, -um - yellow
flōreō, flōrēre, flōruī - to flower,
to flourish
flōs, -ōris - flower
flūmen, -minis - river
focum, -ī - fire place
fons, -ntis - source
forās - to the outside
forīs - outside
fortasse - maybe
fortis, -e - brave, strong
fortiter - bravely, strongly
fortūna, -ae - fortune, luck
forum, -ī - public square
frīgus, -ōris - cold
frutex, -ticis - bush
fūgiō, fūgere, fūgī, fugitum - to
flee
fulgeō, fulgēre, fulsī - to shine
fuscus, -a, -um - dark
futūrus, -a, -um - future

G

Gāius Iūlius Caesar - Julius
Caesar, assassinated in 44 B.C.
Gāius Marius - great Roman
general and consul in 102 B.C.
Galaesus, -ī - river near Tarentum

galea, -ae - helmet
gaudeō, gaudēre, gāvisī, gāvīsum
- to rejoice
gens, -tis - tribe, family
genus, -neris - type
gerō, gerere, gessī, gestum - to
wage
glacies, -ēī - ice
gladiātōr, -is - gladiator
gladius, -ī - sword
Gnaeus Pompēius Magnus -
Pompey the Great, military
general
Graecia, -ae - Greece
grātia, -ae - gratitude, thanks
grātus, -a, -um - grateful

H

habeō, habēre, habuī, habītum -
to have
habitō, -āre, -āvī, -ātum - to live
harēna, -ae - sand (by metonymy
can mean *beach* or *arena*
where gladiators fight)
hasta, -ae - spear
herba, -ae - grass
heus - hey (*heus tu* - hey you!)
hic, haec, hoc - this/these (*hīc* -
here, in this place; *hōsce* - *ce*
was the full form suffix of this
word that was eventually lost,
but used by some authors for
emphasis; *hūc* - to here/this
place)
hiems, -mis - winter
Hispāniēnsis, -e - Spanish
hodiē - today
homō, -minis - human
honor, -ōris - honor
hōra, -ae - hour

hospitālitas, -ātis - hospitality
Hostīlius, -a, -um - Hostilian; the
    curia Hostilia built by king
    Tullus Hostilius

I

iam - now, already
iānua, -ae - door
ibi - there
īdem, eadem, idem - the same
idōneus, -a, -um - ideal, suitable
ignis, -is - fire
ignōscō, ignōscere, ignōvī,
    ignōtum - to pardon (*ignōsce
    mihi* - pardon me)
ille, illa, illud - that (*illīc* - there, in
    that place; *illūc* - to that place)
illūminō, -āre, -āvī, -ātum - to
    light up
immortālis, -is - immortal, god
immōtus, -a, -um - unmoved
impediō, -īre, -īvī, -ītum - to
    block, prevent from
imperātor, -ōris - leader, general
imperō, -āre, -āvī, -ātum - to order
imperium, -ī - a command, power
in - in, on, into, onto
incendō, incendere, incendī,
    incensum - to set fire to
incitō, -āre, -āvī, -ātum - to urge
indoctus, -a, -um - unlearned,
    ignorant
inēmptus, -a, -um - unbought
insum, inesse, infuī - to be in
īnfēstō, -āre, -āvī, -ātum - to
    disturb, infest
inhabitō, -āre, -āvī, -ātum - to
    inhabit
inquit - said
īnstruō, īnstruere, īnstrūxī,

īnstrūctum - to draw up in
    battle line
īnsula, -ae - island, apartment
    building
intellegō, intellegere, intellēxī,
    intellēctum - to understand
intentē - intently
inter - between, among
intereā - meanwhile
interficiō, interficere, interfēcī,
    interfēctum - to kill
interrogō, -āre, -āvī, -ātum - to
    inquire
intrā - inwardly, to the inside
intrō, -āre, -āvī, -ātum - to enter
intuor, intuērī, intuitus sum - to
    look at
intus - on the inside, within
inveniō, invenīre, invēnī,
    inventum - to find
invītus, -a, -um - unwillingly
īrātus, -a, -um - angry
is, ea, id - he, she, it
Isauria, -ae - a small mountainous
    region of southern Asia
Isauricus, -a, -um - Isaurian
iste, ista, istud - this or that
    (implies scorn or contempt)
ita - thus, in this way
Ītalia - Italy
Ītalicus, -a, -um - Italian (of
    things, not people)
itaque - therefore
iter, itineris - journey
iubeō, iubēre, iussī, iustum - to
    order
iūrō, -āre, -āvī, -ātum - to swear
iūs, iūris - law, right, justice

L

labor, -ōris - effort, toil
laetus, -a, -um - happy
latus, -teris - side, flank
laudō, -āre, -āvī, -ātum - to praise
lectus, -ī - bed, couch
lēniter - gently
lentē - slowly
leō, -ōnis - lion
lex, -gis - law
līber, -a, -um - free
līberō, -āre, -āvī, -ātum - to free
līberātus, -a, -um - freed
līberī, -ōrum - children
licet, licuit, licitum est - it is
    permitted
ligneus, -a, -um - wooden
līlium, -ī - lily
lītus, -oris - shore
locus, -ī - place, location
longus, -a, -um - long, tall, far
    (naves longae - war ships)
loquor, loquī, locūtus sum - to
    speak
Lūcānia, -ae - town of lower Italy
lūceō, lūcēre, lūxī - to shine
Lūcius Valerius Flaccus - Roman
    consul in 100 B.C. with Gāius
    Marius
lūmen, -minis - a light
lūna, -ae - moon
lūx, -cis - the light of the sun
Lycia, -ae - country of southern
    Asia Minor

M

macula, -ae - stain
maestus, -a, -um - sad
magister, -trī - leader, commander

magistrātus, -ūs - magistrate
magnus, -a, -um - big, great
malus, -a, -um - bad, wicked
    (malum indeclinable word use
    to add emphasis, e.g. Quid
    malum?! What 'the devil?!'
maneō, manēre, mansī, mansum -
    to remain
Mantuānus, -a, -um - Mantuan,
    from the city Mantua
manus, -ūs - hand
Mārcus Tullius Cicerō - may refer
    to the famous orator and
    philosopher Cicero or his
    father of the same name
mare, -is - sea
maritimus, -a, -um - maritime,
    related to the sea
mātrimōnium, -ī - marriage
medius, -a, -um - the middle
mel, mellis - honey, term of
    endearment 'honey'
Melissa - Melissurgus' wife
Melissūrgus - main character of
    story
meminī, meminisse - to remember
    (perfect form but present
    translation)
memorō, -āre, -āvī, -ātum - to
    recall
mendīcus, -ī - beggar
mēnsa, -ae - table
mēnsis, -is - month
mercātor, -ōris - merchant
mercātōrius, -a, -um - merchant,
    relating to merchants
mercātus, -ūs - market
merīdiānus, -a, -um - Southern
metus, -ūs - fear
meus, -a, -um - my, mine
mille, mīlia - thousand

mīlitāris, -e - military

mīles, mīlitis - soldier

minimē - no, not at all

minor, minus - smaller

Mithridātēs, -is - Mithridates, king of Pontus

mithridāticus, -a, -um - mithridatic, related to Mithridates

mittō, mittere, mīsī, missum - to send

modo - just, just now

modus, -ī - way, manner

mōmentum, -ī - importance (*māximī mōmentī* - of great importance)

moneō, monēre, monuī, monitum - to advise

mons, -ntis - mountain

moror, morī, mortuus sum - to die

mors, -tis - death

mortuus, -a, -um - dead

mox - soon

mulceō, -ēre, mulsī, mulsum - to caress

multus, -a, -um - much, many

mūrus, -ī - wall

N

nam - for, because

natalis, -e - belonging to one's birth

nauta, -ae - sailor

nāvālis, -e - naval

nāvigō, -āre, -āvī, -ātum - to sail

nāvis, -is - ship

nē - a particle used to introduce a fear clause

nec - not, and not (*nec...nec -* neither...nor)

necessārius, -a, -um - necessary (*necesse est -* it is necessary)

nēmō, -minis - no one

Neptūnus, -ī - Neptune

neque - and not

nesciō, nescīre, nescīvī, nescītum - to not know

Nīcomēdēs, -is - Nicomedes, king of Bythinia

niger, -gra, -grum - black

nihil - nothing

nimis - too much (*nimium -* too much)

noceō, nocēre, nocuī, nocitum - to harm

nōlō, nolle, noluī - to not want

nōmen, -minis - name

nōn - not

nōndum - not yet

nōnne - asks a question expecting the answer to be 'yes'

nōnus, -a, -um - ninth

nōs - we

noster, -tra, -trum - our (*Nostrum Mare -* our sea, the Mediterranean)

novus, -a, -um - new

nox, noctis - night

nūbēs, -is - cloud

nūllus, -a, -um - no, none

num - asks a question expecting the answer to be 'no'

numerō, -āre, -āvī, -ātum - to count

numerus, -ī - number

numquam - never

nunc - now

nūntiō, -āre, -āvī, -ātum - to announce

nūntius, -ī - messenger

nūperrimē - most recently

O

ō - oh
ob - on account of
obscūrus, -a, -um - dark
occidentālis, -e - western
occidō, occīdere, occīdī, occīsum
    - to kill
occupō, -āre, -āvī, -ātum - to seize
octāvus, -a, -um - eighth
oculus, -ī - eye
offēnsus, -a, -um - offended
offerō, offerre, obtulī, oblātum -
    to offer
officium, -ī - duty
Olympus, -ī - a city in Cilicia
omnis, -e - all, every
opera, -ae - work, creation
oportet, oportēre, oportuī- it is
    necessary
oppidum, -ī - town
opportūnus, -a, -um - suitable
oppugnō, -āre, -āvī, -ātum - to
    attack
optimus, -a, -um - best
opus - work (*opus est* - it is
    necessary to)
ōrātor, -ōris - public speaker
ōrdō, -dinis - row
orientālis, -is - eatern
ornātus, -a, -um - decorated,
    ornate
ōsculum, -ī - kiss
ostendō, ostendere, ostendī,
    ostentum - to show
Ōstia, -ae - port city for Rome

P

Pamphȳlia, -ae - a region of Asia
    Minor between Lycia and
    Cilicia
pariō, parīre, peperī, paritum - to
    give birth
parō, -āre, -āvī, -ātum - to prepare
pars, -tis - part
parvus, -a, -um - small
pāstor, -ōris - shepherd
pater, -tris - pater
patior, patī, passus sum - to suffer
patria, -ae - father land
paucī, -ae -a few
paulisper - for a little while
paulō - a little
pecūnia, -ae - money
per - through
percutiō, percutere, percussī,
    percussum - to hit
perdō, perdere, perdidī,
    perditum - to lose
perīculōsus, -a, -um - dangerous
perītus, -a, -um - skilled at
perplaceō, perplacēre, perplacuī,
    perplacitum - to be really
    pleasing
pergō, pergere, perrēxī,
    perrectum - to continue
persequor, persequī, persecūtus
    sum - to follow after
pes, pedis - foot
Phaselis, Phasēlidis - Phaselis, a
    small town in Lycia
philosophus, -ī - philosopher
pīrāta, -ae - pirate
pīrāticus, -a, -um - relating to
    pirates
placeō, placēre, placuī, placitum -
    to be pleasing

plebs, plēbis - the common people

plēnus, -a, -um - full

plōrō, -āre, -āvī, -ātum - to cry

plūrēs, plūra - many (*plūrimī, -ae, -a* - very many)

poēma, -matis - poem

poēta, -ae - poet

pōmum, -ī - fruit

pōnō, ponere, posuī, positum - to place

populus, -ī - people

portō, -āre, -āvī, -ātum - to bring, carry

portus, -ūs - port, harbor

possum, posse, potuī - to be able

post - after

posteā - afterwards

posterus, -a, -um - next

praeda, -ae - loot, booty

praeficiō, praeficere, praefēcī, praefectum - to put in charge (the person placed in charge takes *acc.* the thing they are put in charge of takes the *dat.*)

praetereā - besides, moreover

praeteritus, -a, -um - past

premō, premere, pressī, pressus - to plant

prīmum - at first

prīmus, -a, -um - first

prior - previously

prō - on behalf of

prōcērus, -a, -um - tall

prōcōnsul, -lis - governor of a province

procul - far away, in the distance

proelium, -ī - battle

proficiō, proficere, profēcī, profectus - to set out

prohibeō, prohibēre, prohibuī, prohibitum - to prohibit

prōmittō, prōmittere, prōmīsī, prōmissum - to promise

prope - next to

prōpōnō, prōpōnere, prōposuī, prōpositum - to propose

prōvincia, -ae - province

proximus, -a, -um - next, nearby

pūblicus, -a, -um - public

Publius Servīlius Vatia - Roman consul in 79 B.C. who received the agnomen *Isauricus* for his victories over the mountain tribes of Isauria

Publius Vergilius Marō - Vergil, famous Roman poet and author of works like the Aeneid and the Georgics

puerperium, -ī - childbirth

pugna, -ae - fight

pugnō, -āre, -āvī, -ātum - to fight

pulcher, -chra, -chrum - beautiful

pulsō, -āre, -āvī, -ātum - to hit

putō, -āre, -āvī, -ātum - to think

Q

quadrāgintā - forty

quaeso - please

quālis, -e - what kind of

quam - than (*maior quam* - greater than)

quamquam - although

quandō - when

quārtus, -a, -um - fourth

quattuor - four

quī, quae, quod - who, which (relative pronoun)

quia - because

quīdam, quaedam, quoddam - a certain one, thing

quidem - indeed

quīnquāgintā - fifty

quīntus, -a, -um - fifth

Quīntus Caecilius Metellus - Metellus Creticus, Roman military leader so named for his victorious command against pirate infested Crete

Quīntus Lutātius Catulus - Roman consul in 102 B.C.

quīque, quaeque, quodque - each

Quirītēs - citizens of Rome

quis, quae, quid - who, what (interrogative pronoun)

quisquam, quaequam, quodquam - any

quōmodo - how

quoque - also, even

quot - how many

R

res, -eī - thing, matter (*res publica* - the Roman Republic)

recitō, -āre, -āvī, -ātum - to recite

rēctissimē - most correctly

redeō, redīre, rediī, reditum - to return

regnō, -āre, -āvī, -ātum - to rule

relinquō, relinquere, relīquī, relictum - to leave behind

reliquus, -a, -um - remaining

respondeō, -ēre, -didī, -sum - to respond

reveniō, revenīre, revēnī, reventum - to return

rēx, rēgis - king

rīdeō, rīdēre, rīsī, rīsum - to laugh

rogō, -āre, -āvī, -ātum - to ask

Rōma, -ae - Rome

Rōmānus, -a, -um - Roman

rosa, -ae - rose

rōstrum, -ī - beak of Roman ship used for ramming

rumpō, rumpere, rūpī, ruptum - to break

S

saepe - often

sagitta, -ae - arrow

salveō, salvēre - to be well (*salvē* and *salvēte* mean "hello")

sānē - of course

sanguinis, -is - blood

satis - enough

saxum, -ī - stone

scapha, -ae - small boat

scientia, -ae - wisdom, knowledge

sciō, scīre, scīvī, scītum - to know

scrībō, scrībere, scrīpsī, scrīptum - to write

scūtum, -ī - shield

sē - himself, herself, itself, themselves

secundus, -a, -um - second, (*ventus secundus* - favorable wind)

sed - but

sedeō, sedēre, sēdī, sessum - to sit

sēdes, -is - dwelling place, base

sella, -ae - chair

semper - always

senātor, -tōris - senator, member of Roman senate

senātus, -ūs - senate

senex, senis - old, elderly

sententia, -ae - opinion

septimus, -a, -um - seventh

sequens, -ntis - following

serēnus, -a, -um - calm

sērus, -a, -um - late (*sērō* - late)

servīlis, -e - servile, related to slaves

servitūs, -tūtis - servitude

servō, -āre, -āvī, -ātum - to save, protect

servus, -ī - slave

sexāgintā - sixty

sextus, -a, -um - sixth

sī - if

sīc - thus, in this way

Sicilia, -ae - Sicily, large island south of Italy

sīcut - like, as

signum, -ī - sign

silēns, -ntis - being silent, silent

silentium, -ī - silence

simul - at the same time

sine - without

socius, -ī - ally

sōl, -is - sun

soleō, solēre, solitus sum - to be accustomed

sōlus, -a, -um - alone

somnum, -ī - sleep

sonus, -ī - sound

Spartacus - a gladiator from Thrace who led a huge slave revolt against Rome

spatium, -ī - space

spes, -ēī - hope

spērō, -āre, -āvī, -ātum - to hope

splendeō, splendēre, splenduī - to shine

spoliō, -āre, -āvī, -ātum - to plunder

stō, -āre, -stetī, -ātum - to stand firm

statim - immediately

stēlla, -ae - star

studiōsē - eagerly

stultus, -a, -um - stupid

sub - under

subīrātus, -a, -um - a little angry

subrīdēns, -ntis - chuckling

summus, -a, -um - greatest, best

surgō, surgere, surrēxī, surrēctum - to rise

suus, -a, -um - his/her/its/their own

T

taberna, -ae - shop

tabernārius, -iī - shopkeeper

tacitus, -a, -um - silent

talentum, -ī - talent (a sum of money)

tam - such

tamen - nevertheless

tandem - finally

tangēns, -ntis - touching

tantum - only, so much

Tarentum, -ī - Tarentum, a town of southern Italy

Taurus, -ī - a mountain range which runs through SE Asia Minor

templum, -ī - temple

tempus, -oris - time

teneō, tenēre, tenuī, tentum - to hold

tenebrae, -ārum - darkness

terra, -ae - land

tertius, -a, -um - third

timeō, timēre, timuī - to fear

tollō, tollere, sustulī, sublatum - to lift

tormentum, -a - catapult

tot - so many

tōtus, -a, -um - all, whole

trāns - across

Trānsalpīnus, -a, -um - Transalpine (that on the other side of the Alps)

trānseō, trānsīre, trānsī,
	trānsitum - to go across
trānsportō, -āre, -āvī, -ātum - to
	bring across
trēdecim - thirteen
trēs, tria - three
tribūnus, -ī - tribune (*tribūnus
	plebis* - tribune of the people)
trirēmis, -is - trireme (a battleship
	with three rows of oars)
trīstis, -e - sad
trīstitia, -ae - sadness
triumphus, -ūs - triumph (military
	parade awarded to victorious
	generals)
tū - you
tum - then, next
turbidus, -a, -um - turbulent
turris, -is - tower
tūtus, -a, -um - safe
tuus, -a, -um - your
Tyrrhēnus, -a, -um - of the
	Tyrrhenians or Etruscans
	(*Mare Tyrrhēnum* -
	Tyrrhenian Sea off western
	Italy)

U

ubi - where
ubīque - everywhere
ūllus, -a, -um - any
umbra, -ae - shadow
ūmectō, -āre, -āvī, -ātum - to wet
ūndecimus, -a, -um - eleventh
ūnus, -a, -um - one
ut - so that, in order, as
utinam - if only
uxor, -ōris - wife

V

valeō, valēre, valuī, valitum - to
	be well (*valē* and *valēte* mean
	"goodbye")
validus, -a, -um - strong
varius, -a, -um - various
vel - or
vēndō, vendere, vendī, venditum
	- to sell
veniō, venīre, vēnī, ventum - to
	come
venter, -trī - belly
ventus, -ī - wind
verbum, -ī - word
vērō - truly
versor, versārī, versātus sum - to
	be with
vērus, -a, -um - true
vester, -tra, -trum - your (plural)
vestīmentum, -ī - clothing
via - street
victor, -ōris - victor
victōria, -ae - victory
videō, vidēre, vīdī, visum - to see
vīgintī - twenty
vīlla, -ae - villa, country home
vincō, vincere, vīcī, victum - to
	conquer
vir, -ī - man
viridis, -e - green
virtūs, -tūtis - virtue
vīta, -ae - life
vocō, -āre, -āvī, -ātum - to call
vox, vōcis - voice
volō, velle, voluī - to want
volō, -āre, -āvī, -ātum - to fly
vōs - you all
vulnerātus, -a, -um - wounded
Zenicētus - pirate commander
	of Olympus

POST SCRĪPTUM

While casually reading through an assortment of Classical Latin poetry, I happened upon Vergil's Georgics, 4.125. In this poem Vergil recalls a time he visited the once Greek colony Tarentum, of southern Italy. During his visit, he encountered an elderly Corycian who was a beekeeper and particularly skilled at working rough land and growing plants–crops, trees and flowers of all kinds–in rather inhospitable places. He was meticulous in his efforts, planting rows of flowers and trees which provided food and shade. Due to his precise nature, he was always the first to reap the most abundant harvest thereby providing for himself feasts of freshly grown fruits, vegetables and honey. Sadly, Vergil runs out of time and space for continuing his recollection and leaves the rest for someone else to tell. In that moment the Muses summoned me to tell this man's story and give the Corycian a name. Thus, I have written the story of Melissurgus, the peaceful beekeeper who wanted little more in life than to cultivate life: be it plant or animal.

What follows is the full excerpt from Vergil's poem which started it all for me. Having read the story, perhaps you can now better appreciate what the Corycian achieves on his newly acquired tracks of land which Pompey had given him

in hopes of ridding him of the pain which led him to become
a pirate in the first place.

-Jessie Craft

Ex Geōrgicīs Vergiliī, librō 4.125:

Namque sub Oebaliae meminī mē turribus arcis, 125
quā niger ūmectat flāventia culta Galaesus,
Cōrycium vīdisse senem, cui pauca relictī
iūgera rūris erant, nec fertilis illa iuvencīs
nec pecorī opportūna seges nec commoda Bacchō.
Hic rārum tamen in dūmīs olus albaque circum 130
līlia verbēnāsque premēns vescumque papāver
rēgum aequābat opēs animīs sēráque revertēns
nocte domum dapibus mēnsās onerābat inēmptīs.
prīmus vērē rosam atque autumnō carpere pōma,
et cum trīstis hiems etiamnum frīgore saxa 135
rumperet et glaciē cursus frēnāret aquārum,
ille comam mollis iam tondēbat hyacinthī
aestātem increpitāns seram Zephyrōsque morantēs.
Ergō apibus fētīs īdem atque exāmine multō
prīmus abundāre et spūmantia cōgere pressīs 140
mellā favīs; illī tiliae atque ūberrima pīnus,
quotque in flōre novō pōmīs sē fertilis arbōs
induerat, totidem autumnō mātūra tenēbat.
Ille etiam serās in versum distulit ulmōs
ēdūramque pirum et spīnōs iam prūna ferentēs 145
iamque ministrantem platanum pōtantibus umbrās.
Vērum haec ipse equidem spatiīs exclūsus inīquīs
praetereō atque aliīs post mē memoranda relinquō.

Made in the USA
Columbia, SC
04 February 2021

32325897R00033